(宋)蘇軾 撰

明成化本東坡七集

第一九册

國家圖書館出版社

第一九册目録

東坡奏議十五卷（卷第一—二）

重刊明成化本東坡七集

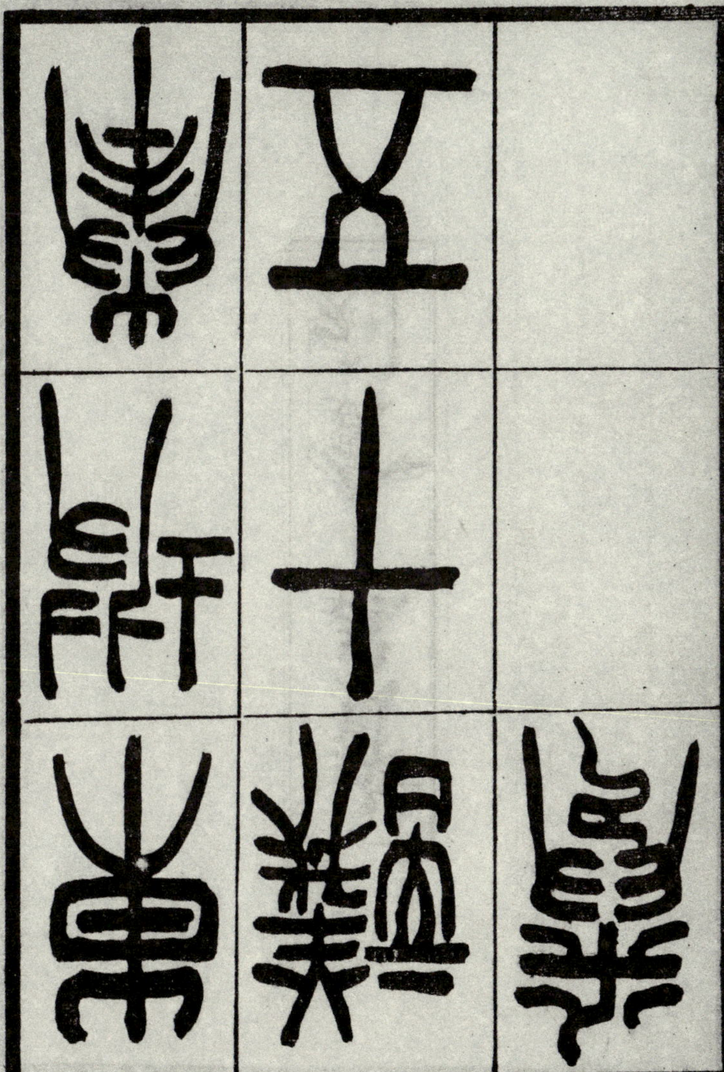

寶華盦刻

東坡奏議目録

登州召還議水軍狀

乞罷登萊榷鹽狀

論給田募役狀

第三卷

繳詞頭奏狀六首 范子淵 吴荀 沈起 陳繹 張誠一 李定

乞罷詳定役法劄子、申省狀附

薦朱長文劄子

論椿管坊場役錢劄子

論諸處色役輕重不同劄子

議富弼配享狀

再乞罷詳定役法狀 申省狀附

乞留劉攽狀

繳楚建中戶部侍郎詞頭狀

乞不給散青苗錢斛狀

論每事降詔約束狀

乞加張方平恩禮劄子

論冗官劄子

辨試館職策問劄子二首

繳進給田募役議劄子 前連元豐八年十二月奏狀

論改定受冊手詔乞罷劄子

乞録用鄭俠王斿狀

薦布衣陳師道狀

乞留顧臨狀

第四卷

論擒獲鬼章稱賀太速劄子

因擒鬼章論西羌夏人事宜劄子

乞詔邊吏無進取及論鬼章事宜劄子

乞約鬼章討阿里骨劄子

參定葉祖洽廷試策狀二首

大雪乞省試展限兼乞　御試不分初覆考劄子

御試劄子二首

奏乞御試放榜館職皆侍殿上

放榜後論貢舉合行事件

乞罷學士除閑慢差遣劄子

第五卷

轉對條上三事狀

論魏王在殯乞罷秋宴劄子

述災沴論賞罰及脩河事繳進歐陽脩議狀劄子

乞郡劄子　辨舉王鞏劄子

論周穜擅議配享自劾劄子二首

第六卷

論高麗進奉狀
乞賑濟浙西七州狀
論役法差雇利害起請畫一狀
論高麗進奉第二狀
乞令高麗僧從泉州歸國狀
乞降度牒召人入中斛㪷出糶濟飢等狀
論葉温叟分擘度牒不公狀

第七卷

乞開杭州西湖狀
申三省起請開湖六條狀

第八卷

第九卷

第十卷

申省論八丈溝利害狀二首

奏論八丈溝不可開狀

奏淮南閉糴狀二首

乞賜度牒糴斛㪷準備賑濟淮浙流民狀

乞將合轉一官與李直方酬奬狀

乞賜光梵寺額狀

薦宗室令時狀

第十一卷

論積欠六事并乞檢會應詔所論四事一處行下狀

再論積欠六事四事劄子
論倉法劄子
第十二卷
論綱稍欠折利害狀
乞罷轉般倉斗子倉法狀
乞罷稅務歲終賞格狀
乞歲運額斛以到京定殿最狀
申明揚州公使錢狀
乞罷宿州修城狀
乞擢用林豫劄子

乞賻贈劉季孫狀

再論李直方捕賊功効乞別與推恩劄子

乞免五穀力勝税錢劄子

奏内中車子爭道亂行劄子

再薦宗室令時劄子

第十三卷

論高麗買書利害劄子三首

繳進免五穀力勝税錢議劄子前連元祐七年十一月劄子

上圓丘合祭六議劄子

請詰難圓丘六議劄子

乞改居喪婚娶條狀

奏馬澈不當屏出學狀

乞校正陸贄奏議上進劄子

辨黃慶基彈劾劄子　謝宣諭劄子

奏乞增廣貢舉出題劄子

申省議讀漢唐正史狀

第十四卷

朝辭赴定州論事狀

乞降度牒修定州禁軍營房狀

乞增修弓箭社條約狀二首

第十五卷

東坡奏議卷第一

議學校貢舉狀

諫買浙燈狀

上皇帝書

再上皇帝書

議學校貢舉狀

熙寧四年正月　日殿中丞直史館判官告院蘇軾狀奏准敕講求學校貢舉利害令臣等各具議狀聞奏者右臣伏以得人之道在於知人知人之法在於責實使君相有知人之才朝廷有責實之政則胥吏

皂隸未甞無人而况於學校貢舉乎雖因今之法臣以為有餘使君相無知人之才朝廷無責實之政則公卿侍從常患無人况學校貢舉乎雖復古之制臣以為不足矣夫時有可否物有廢興方其所安雖暴君不能廢及其既厭雖聖人不能復故風俗之變法制隨之譬如江河之徙移順其所欲行而治之則易為功強其所不欲而復之則難為力使三代聖人復生於今其選舉養才亦必有道矣何必由學且天下固甞立學矣慶曆之間以為太平可待至於今日惟有空名僅存今 陛下必欲求德行道藝之士責九

年大成之業則將變今之禮易今之俗又當發民力
以治宮室斂民財以食游士百里之内置官立師獄
訟聽于是軍旅謀于是又當以時簡不率教者屏之
遠方終身不齒則無乃徒為紛亂以患苦天下耶若
乃無大變改而望有益于時則與慶曆之際何異故
臣以謂今之學校特可因循舊制使先王之舊物不
廢於吾世足矣至於貢舉之法行之百年治亂盛衰
初不由此　陛下視　祖宗之世貢舉之法與今為
孰精言語文章與今為孰優所得文武長才與今為
孰多天下之事與今為孰辨較此四者而長短之議

決矣今議者所欲變改不過數端或曰鄉舉德行而略文章或曰專取策論而罷詩賦或欲舉唐室故事兼採譽望而罷封彌或欲罷經生朴學不用貼墨而攷大義此數者皆知其一不知其二者也臣請歷言之夫欲興德行在於君人者脩身以格物審好惡以表俗孟子所謂君仁莫不仁君義莫不義君之所向天下趨焉若欲設科立名以取之則是教天下相率而為偽也上以孝取人則勇者割股怯者廬墓上以廉取人則弊車羸馬惡衣菲食凡可以中上意無所不至矣德行之弊一至於此乎自文章而言之則策

論為有用詩賦為無益自政事言之則詩賦策論均為無用矣雖知其無用然自　祖宗以來莫之廢者以為設法取士不過如此也豈獨吾　祖宗自古堯舜亦然書曰敷奏以言明試以功自古堯舜以來進人何嘗不以言試人何嘗不以功乎議者必欲以策論定賢愚能否臣請有以質之近世士大夫文章華靡者莫如楊億使楊億尚在則忠清鯁亮之士也豈得以華靡少之通經學古者莫如孫復石介使孫復石介尚在則迂闊矯誕之士也又可施之於政事之間乎自唐至今以詩賦為名臣者不可勝數何負於

天下而必欲廢之近世士人纂類經史綴緝時務謂之策括待問條目搜抉略盡臨時剽竊竄易首尾以眩有司有司莫能辨也且其為文也無規矩準繩故學之易成無聲病對偶故考之難精以易學之士付難攷之吏其弊有甚於詩賦者矣唐之通牓故是弊法雖有以名取人厭伏衆論之美亦有賄賂公行權要請託之害一使恩去王室權歸私門降及中葉結為朋黨之論通牓取人又豈足尚哉諸科舉取人多出三路能文者既已變而為進士曉義者又皆去以為明經其餘皆朴魯不化者也至於人才則有定分

施之有政能否自彰今進士日夜治經傳子史貫穿
馳騖可謂博矣至於臨政曷嘗用其一二顧視舊學
已為虛器而欲使此等分別注疏粗識大義而望其
才能增長亦已疎矣臣故曰此數者皆知其一而不
知其二也特願　陛下留意其遠者大者必欲登俊
良黜庸回揔覽衆才經略世務則在　陛下與二三
大臣下至諸路職司與良二千石耳區區之法何預
焉然臣竊有私憂過計者敢不以告昔王衍好老莊
天下皆師之風俗陵夷以至南渡王縉好佛捨人事
而修異教大曆之政至今為笑故孔子罕言命則為

知者少也子貢曰夫子之文章可得而聞也夫子之
言性與天道不可得而聞也夫性命之說自子貢不
得聞而今之學者恥不言性命此可信也哉今士大
夫至以佛老為聖人粥書於市者非莊老之書不售
也讀其文浩然無當而不可窮觀其貌超然無著而
不可挹豈此真能然哉蓋中人之性安於放而樂於
誕耳使天下之士能如莊周齊死生一毀譽輕富貴
安貧賤則人主之名器爵禄所以礪世摩鈍者廢矣
陛下亦安用之而况其實不能而竊取其言以欺
世者哉臣願　陛下明勑有司試之以法言取之以

實學愽通經術者雖朴不廢稍涉浮誕者雖工必黜則風俗稍厚學術近正庶幾得忠實之士不至蹈衰季之風則天下幸甚謹録奏　聞伏候　勑旨

諫買浙燈狀

熙寧四年正月　日殿中丞直史館判官告院權開封府推官蘇軾狀奏右臣嚮蒙召對便殿親奉德音以為凡在館閣皆當為深思治亂指陳得失無有所隱者自是以來臣每見同列未甞不為道　陛下此語非獨以稱頌盛德亦欲　朝廷之間如臣等輩皆知　陛下不以踈賤間廢其言共獻所聞以輔成太

平之功業然竊謂空言率人不如有實而人自勸欲
知　陛下能受其言之實莫如以臣試之故臣願以
身先天下試其小者上以輔助聖明之萬一下以為
賢者卜其可否雖以此獲罪萬死無悔臣伏見中使
傳宣下府市司買浙燈四千餘盞有司具實直以聞
陛下又令減價收買見已盡數拘收禁止私買以須
上令臣始聞之驚愕不信咨嗟累日何者竊為　陛
下惜此舉動也臣雖至愚亦知　陛下游心經術動
法堯舜窮天下之嗜慾不足以易其樂盡天下之玩
好不足以解其憂而豈以燈為悅者哉此不過以奉

二宮之歡而極天下之養耳然大孝在乎養志百姓
不可戶曉皆謂陛下以耳目不急之玩而奪其口體
必用之資賣燈之民例非豪民舉債出息畜之彌年
衣食之計望此旬日　陛下為民父母唯可添價貴
買豈可減價賤酬此事至小體則甚大凡　陛下所
以減價者非欲以與此小民爭此豪末豈以其無用
而厚費也如知其無用何以更索惡其厚費何如勿
買且內廷故事每遇放燈不過令內東門雜物務臨
時收買數目既少又無拘收督迫之嚴費用不多民
亦無憾故臣願追還前命凡悉如舊京城百姓不慣

侵擾恩德已厚怨讟易生可不慎歟可不畏歟近日
小人妄造非語士人有展年科場之說商賈有京城
榷酒之議吏憂減俸兵憂減廩雖此數事　朝廷所
決無而此紛紛亦有以見　陛下勤恤之德未信於
下而有司聚斂之意或形于民方當責己自求以消
讒慝之口而臺官又勸　陛下以嚴刑悍吏捕而戮
之虧損　聖德莫大於此而又重以買燈之事使得
因緣以為口實臣實惜之方今百冗未除物力凋弊
陛下縱出內帑財物不用大司農錢而內帑所儲孰
非民力與其平時耗於不急之用曷若留貯以待乏之

絕之供故臣願 陛下將來放燈與凡游觀苑囿宴好賜予之類皆飭有司務從儉約頃者 詔旨裁減皇族恩例此實 陛下至明至斷所以深計遠慮割愛為民然竊揆其間不能無少望於 陛下惟當痛自刻損以身先之使知人主且猶如此而況於吾徒哉非惟損費亦且弭怨昔唐太宗遣使往涼州諷李大亮獻其名鷹大亮不可太宗深嘉之詔曰有臣若此朕復何憂明皇遣使江南採鵁鶄汴州刺史倪若水論之為反其使又令益州織半臂背子琵琶捍撥鏤牙合子等蘇許公不奉詔李德裕在浙西詔造銀

盂子粧具二十事織綾二千疋德裕上疏極論亦為
罷之使　陛下内之臺諫有如此數人者則買燈之
事必須力言外之有司有如此數人者則買燈之事
必不奉詔　陛下聰明睿聖追迹堯舜而羣臣不以
唐太宗明皇事　陛下竊嘗深咎之臣忝備府寮親
見其事若又不言臣罪大矣　陛下若赦之不誅則
臣又有非職之言大於此者忍不為　陛下盡之若
不赦亦臣之分也謹録奏　聞伏候　勑旨
上皇帝書
熈寧四年二月　日殿中丞直史館判官告院權開

封府推官臣蘇軾謹昧萬死再拜上書　皇帝陛下
臣近者不度愚賤輒上封章言買燈事自知瀆犯天
威罪在不赦席藁私室以待斧鉞之誅而側聽逾旬
威命不至問之府司則買燈之事尋已停罷乃知
陛下不惟赦之又能聽之驚喜過望以至感泣何者
改過不吝從善如流此堯舜禹湯之所勉强而力行
秦漢以來之所絕無而僅有顧此買燈毫髮之失豈
能上累日月之明而　陛下翻然改命曾不移刻則
所謂智出天下而聽於至愚威加四海而屈於匹夫
臣今知　陛下可與為堯舜可與為湯武可與富民

而措刑可與強兵而伏戎虜矣有君如此其忍負之惟當披露腹心捐棄肝腦盡力所至不知其它乃者臣知天下之事有大於買燈者矣而獨區區以此為先者蓋未信而諫聖人不與交淺言深君子所戒是以試論其小者而其大者固將有待而後言今　陛下果赦而不誅則是既已許之矣許而不言臣則有罪是以願終言之臣之所欲言者三願　陛下結人心厚風俗存紀綱而已人莫不有所恃人臣恃　陛下之命故能役使小民恃　陛下之法故能勝服強暴至於人主所恃者誰書曰予臨兆民凜乎若朽索

之馭六馬言天下莫危於人主也聚則為君民散則為仇讎聚散之間不容毫釐故天下歸往謂之王人各有心謂之獨夫由此觀之人主之所恃者人心而已人心之於人主也如木之有根如燈之有膏如魚之有水如農夫之有田如商賈之有財木無根則槁燈無膏則滅魚無水則死農無田則飢商賈無財則貧人主失人心則亡此理之必然不可逭之災也其為可畏從古以然苟非樂禍好亡狂易喪志則孰敢肆其胸臆輕犯人心昔子產焚載書以弭衆言賂伯石以安巨室以為衆怒難犯專欲難成而孔子亦曰

信而後勞其民未信則以為厲己也唯商鞅變法不顧人言雖能驟至富強亦以召怨天下使其民知利而不知義見刑而不見德雖得天下旋踵而失也至於其身亦卒不免負罪出走而諸侯不納車裂以徇而秦人莫哀君臣之間豈願如此宋襄公雖行仁義失衆而亡田常雖不義得衆而強是以君子未論行事之是非先觀衆心之向背謝安之用諸桓未必是而衆之所樂則國以乂安庚亮之召蘇峻未必非而勢有不可則反為危辱自古及今未有和易同衆而不安剛果自用而不危者也今

陛下亦知人心之

不悦矣中外之人無賢不肖皆言　祖宗以來治財用者不過三司使副判官經今百年未嘗闕事今者無故又創一司號曰制置三司條例使六七少年日夜講求於内使者四十餘輩分行營幹於外造端宏大民實驚疑創法新奇吏皆惶惑賢者則求其說而不可得未免於憂小人則以其意度　朝廷遂以為謗謂　陛下以萬乘之主而言利謂執政以天子之宰而治財商賈不行物價騰踊近自淮甸遠及川蜀喧傳萬口論說百端或言京師正店議置監官夔路深山當行酒禁拘收僧尼常住減刻兵吏廩祿如此

等類不可勝言而甚者至以為欲復肉刑斯言一出
民且狼顧　陛下與二三大臣亦聞其語矣然而莫
之顧者徒曰我無其事又無其意何恤於人言夫人
言雖未必皆然而疑似則有以致謗人必貪財也而
後人疑其盜人必好色也而後人疑其淫何者未置
此司則無其謗豈去歲之人皆忠厚而今歲之人皆
虛浮孔子曰工欲善其事必先利其器又曰必也正
名乎今　陛下操其器而諱其事有其名而辭其意
雖家置一喙以自解市列千金以購人人必不信謗
亦不止夫制置三司條例司求利之名也六七少年

與使者四十餘輩求利之器也驅鷹犬而赴林藪語
人曰我非獵也不如放鷹犬而獸自馴操罔罟而入
江湖語人曰我非漁也不如捐罔罟而人自信故臣
以為消讒慝以召和氣復人心而安國本則莫若罷
制置三司條例司夫　陛下之所以創此司者不過
以興利除害也使罷之而利不興害不除則勿罷罷
之而天下悅人心安興利除害無所不可則何苦而
不罷　陛下欲去積弊而立法必使宰相熟議而後
行事若不由中書則是亂世之法聖君賢相夫豈其
然必若立法不免由中書熟議不免使宰相此司之

設無乃冗長而無名智者所圖貴於無迹漢之文景

紀無可書之事唐之房杜傳無可載之功而天下之

言治者與文景言賢者與房杜蓋事已立而迹不見

功已成而人不知故曰善用兵者無赫赫之功豈惟

用兵事莫不然今所圖者萬分未獲其一也而迹之

布於天下已若泥中之鬭獸亦可謂拙謀矣　陛下

誠欲富國擇三司官屬與漕運使副而　陛下與二

三大臣孜孜講求磨以歲月則積弊自去而人不知

但恐立志不堅中道而廢孟軻有言其進鋭者其退

速若有始有卒自可徐徐十年之後何事不立孔子

曰欲速則不達見小利則大事不成使孔子而非聖人則此言亦不可用書曰謀及卿士至于庶人翕然大同乃底元吉若違多而從少則靜吉而作凶今上自宰相大臣既已辭免不為則外之議論斷亦可知宰相人臣也且不欲以此自汙而　陛下獨安受其名而不辭非臣愚之所識也君臣宵旰幾一年矣而富國之効茫如捕風徒聞内帑出數百萬緡祠部度五千餘人耳以此為術其誰不能且遣使縱横本非令典漢武遣繡衣直指桓帝遣八使皆以守宰狼籍盜賊公行出於無術行此下策宋文帝元嘉之政比

於文景當時責成郡縣未嘗遣使至孝武以為郡縣遲緩始命臺使督之以至蕭齊此弊不革故景陵王子良上疏極言其事以為此等朝辭禁門情態即異暮宿村縣威福便行驅迫郵傳折辱守宰公私勞擾民不聊生唐開元中宇文融奏置勸農判官使裴寬等二十九人並攝御史分行天下招携戶口檢責漏田時張説楊瑒皇甫璟楊相如皆以為不便而相繼罷黜雖得戶八十餘萬皆州縣希旨以主為客以少為多及使百官集議都省而公卿以下懼融威勢不敢異辭　陛下讀之觀其所行為是為否近者均稅

寬恤冠蓋相望　朝廷亦旋覺其非而天下至今以
為謗曾未數歲是非較然臣恐後之視今亦猶今之
視昔且其所遣尤不適宜事少而負多人輕而權重
夫人輕而權重則人多不服或致侮慢以興爭事少
而負多則無以為功必須生事以塞責　陛下雖嚴
賜約束不許邀功然人臣事君之常情不從其令而
從其意今　朝廷之意好動而惡靜好同而惡異指
趣所在誰敢不從臣恐　陛下赤子自此無寧歲矣
至於所行之事行路皆知其難何者汴水獨流自生
民以來不以種稻秦人之歌曰涇水一石其泥數斗

且溉且糞長我禾黍何嘗言長我粳稻耶今欲陂而
清之萬頃之稻必用千頃之陂一歲一淤三歲而滿
矣　陛下遂信其說即使相視地形萬一官吏苟且
順從眞謂　陛下有意興作上糜帑廩下奪農時隄
防一開水失故道雖食議者之肉何補於民天下久
平民物滋息四方遺利蓋略盡矣今欲鑿空訪尋水
利所謂即鹿無虞豈惟徒勞必大煩擾凡有擘畫不
問何人小則隨事酬勞大則量才錄用若官私格沮
並行黜降不以赦原若才力不辦興修便許申奏替
換賞可謂重罰可謂輕然並終不言諸色人妄有申

陳或官私誤興功役當得何罪如此則妄庸輕剽浮浪姦人自此爭言水利矣成功則有賞敗事則無誅官司雖知其疎豈可便行抑退所在追集老少相視可否吏卒所過雞犬一空若非灼然難行必須且為興役何則格沮之罪重而悮興之過輕人多愛身勢必如此且古陂廢堰多為側近冒耕歲月既深已同永業苟欲興復必盡追收人心或揺甚非善政又有好訟之黨多怨之人妄言某處可作陂渠規壞所怨田產或指人舊業以為官陂冒田之訟必倍今日臣不知　朝廷本無一事何苦而行此哉自古役人必

用鄉戸猶食之必用五穀衣之必用絲麻濟川之必用舟楫行地之必用牛馬雖其間或有以他物充代然終非天下所可常行今者徒聞江浙之間數郡雇役而欲措之天下是猶見燕晉之棗栗岷蜀之蹲鴟而欲以廢五穀豈不難哉又欲官賣所在坊場以充衙前雇直雖有長役更無酬勞長役所得既微自此必漸衰散則州郡事體憔悴可知士大夫捐親戚棄墳墓以從官於四方者用力之餘亦欲取樂此人之至情也若彫弊太甚廚傳蕭然則似危邦之陋風恐非太平之盛觀　陛下誠慮及此必不肯為且今法

令莫嚴於御軍軍法莫嚴於逃竄禁軍三犯廂軍五
犯大率處死然逃軍常半天下不知雇人為役與廂
軍何異若有逃者何以罪之其勢必輕於逃軍則其
逃必甚於今日為其官長亦不難乎近者雖使鄉戶
頗得雇人然至於所雇逃亡鄉戶猶任其責今遂欲
於兩稅之外別立一科謂之庸錢以備官雇則雇人
之責官所自任矣自唐楊炎廢租庸調以為兩稅取
大曆十四年應下賦歛之數以定兩稅之額則是租
調與庸兩稅既兼之矣如雇柰何復欲取庸聖人之
立法必慮後世豈可於兩稅之外生出科名萬一後

世不幸有多欲之君輔之以聚斂之臣庸錢不除差
役仍舊使天下怨毒推所從來則必有任其咎者矣
又欲使坊郭等第之民與鄉戶均役品官形勢之家
與齊民並事其説曰周禮田不耕者出屋粟宅不毛
者有里布而漢世宰相之子不免戍邊此其所以藉
口也古者官養民今者民養官給之以田而不耕勸
之以農而不力於是有里布屋粟夫家之征而民無
所為生去為商賈事勢當耳何名役之且一歲之戍
不過三日三日之雇其直三百今世三大戶之役自
公卿以降毋得免者其費豈特三百而已大抵事若

可行不必皆有故事若民所不悅俗所不安縱有經典明文無補於怨若行此二者必怨無疑女戶單丁蓋天民之窮者也古之王者首務恤此而今　陛下首欲役之此等苟非戶將絕而未亡則是家有丁而尚幼若假之數歲則必成丁而就役老死而沒官富有四海忍不加恤孟子曰始作俑者其無後乎春秋書作兵甲用田賦皆重其始為民患也青苗放錢自昔有禁而　陛下始立成法每歲常行雖云不許抑配而數世之後暴君汙吏　陛下能保之歟異日天下恨之國史記之曰青苗錢自　陛下始豈不惜哉

東南買絹本用見錢陝西糧草不許折兑　朝廷既
有著令職司又每舉行然而買絹未嘗不折鹽糧草
未嘗不折鈔乃知青苗不許抑配之説亦是空文只
如治平之初揀刺義勇當時詔言慰諭明言永不戍
邊著在簡書有如盟約于今幾日議論已摇或以代
還東軍或欲抵换弓手約束雖恃豈不明哉縱使此
令決行果不抑配計其間願請之户必皆孤貧不濟
之人家若自有贏餘何至與言交易此等鞭撻已急
則繼之逃亡逃亡之餘則均之鄰保勢必有至理有
固然且夫常平之為法也可謂至矣所守者約而所

及者廣借使萬家之邑已有千斛而穀貴之際千斛
在市物價自平一市之價既平一方之民自足無專
㪷乞匄之弊無里正催驅之勞今若變為青苗家貸
一斛則千戶之外孰救其飢且常平官錢常患其少
若盡數收糴則無借貸若留充借貸則所糴幾何乃
知常平青苗其勢不能兩立壞彼成此所喪愈多虧
官害民雖悔何逮臣竊計　陛下欲考其實必然問
人人知　陛下方欲力行必謂此法有利無害以臣
愚見恐未可憑何以明之臣在陝西見刺義勇提舉
諸縣臣常親行愁怨之民哭聲振野當時奉使還者

皆言民盡樂為希合取容自古如此不然則山東之
盜二世何緣不覺南詔之敗明皇何緣不知今雖未
至於此亦望　陛下審聽而已昔漢武之世財力匱
竭用賈人桑羊之説買賤賣貴謂之均輸于時商賈
不行盜賊滋熾幾至於亂孝昭既立學者爭排其説
霍光順民所欲從而予之天下歸心遂以無事不意
今者此論復興立法之初其説尚淺徒言徙貴就賤
用近易遠然而廣置官屬多出緡錢豪商大賈皆宜
而不敢動以為雖不明言販賣然既已許之變易變
易既行而不與商賈爭利未之聞也夫商賈之事曲

折難行其買也先期而與錢其賣也後期而取直多方相濟委曲相通倍稱之息由此而得今官買是物必先設官置吏簿書廩禄爲費已厚非良不售非賄不行是以官買之價比民必貴及其賣也弊復如前商賈之利何緣而得　朝廷不知慮此乃捐五百萬緡以予之此錢一出恐不可復縱使其間薄有所獲而征商之額所損必多今有人爲其主牧牛羊不告其主而以一牛易五羊一牛之失則隱而不言五羊之獲則指爲勞績　陛下以爲壞常平而言青苗之功虧商稅而取均輸之利何以異此　陛下天機洞

照聖略如神此事至明豈有不曉必謂已行之事不欲中變恐天下以為執德不一用人不終是以遲留歲月庶幾萬一臣竊以為過矣古之英主無出漢高酈生謀撓楚權欲復六國高祖曰善趣刻印及聞留侯之言吐哺而駡曰趣銷印稱善未幾繼之以駡刻印銷印有同兒嬉何嘗累高祖之知人適足明聖人之無我 陛下以為可而行之知其不可而罷之至聖至明無以加此議者必謂民可與樂成難於慮始故 陛下堅執不顧期於必行此乃戰國貪功之人行險僥倖之說 陛下若信而用之則是徇高論而

逆至情持空名而邀實禍未及樂成而怨已起矣臣之所願結人心者此之謂也士之進言者爲不少矣亦嘗有以國家之所以存亡曆數之所以長短告陛下者乎國家之所以存亡者在道德之淺深不在乎強與弱曆數之所以長短者在風俗之厚薄不在乎富與貧道德誠深風俗誠厚雖貧且弱不害於存而長道德誠淺風俗誠薄雖強且富不救於短而亡人主知此則知所輕重矣是以古之賢君不以弱而亡道德不以貧而傷風俗而智者觀人之國亦以此而察之齊至強也周公知其後有簒弑之臣衛至弱

也季子知其後亡吳破楚入郢而陳大夫逢滑知楚
之必復晉武既平吳何曾知其將亂隋文既平陳房
喬知其不久元帝斬郅支朝呼韓功多於武宣矣偷
安而王氏之釁生宣宗收燕趙復河湟力強於憲武
矣消兵而龐勛之亂起故臣願　陛下務崇道德而
厚風俗不願　陛下急於有功而貪富強使　陛下
富如隋強如秦西取靈武北取燕薊謂之有功可也
而國之長短則不在此夫國之長短如人之壽夭人
之壽夭在元氣國之長短在風俗世有尫羸而壽考
亦有盛壯而暴亡若元氣猶存則尫羸而無害及其

已耗則盛壯而愈危是以善養生者愼起居節飲食道引關節吐故納新不得已而用藥則擇其品之上性之良可以久服而無害則五臟和平而壽命長不善養生者薄節愼之功遲吐納之效厭上藥而用下品伐眞氣而助強陽根本以空僵仆無日天下之勢與此無殊故臣願　陛下愛惜風俗如護元氣古之聖人非不知深刻之法可以齊衆勇悍之夫可以集事忠厚近於迂闊老成初若遲鈍然終不肯以彼易此者知其所得小而所喪大也曹參賢相也曰愼無擾獄市黄霸循吏也曰治道去泰甚或譏謝安以清

談廢事安笑曰秦用法吏二世而亡劉晏為度支專
用果銳少年務在急速集事好利之黨相師成風德
宗初即位擢崔祐甫為相以道德寬大推廣上意故
建中之政其聲蕩然天下想望庶幾正觀及盧杞為
相諷上以刑名整齊天下馴致澆薄以及播遷我仁
祖之馭天下也持法至寬用人有敘專務掩覆過失
未嘗輕改舊章然考其成功則曰未至以言乎用兵
則十出而九敗以言乎府庫則僅足而無餘徒以德
澤在人風俗知義是以升遐之日天下如喪考妣社
稷長遠終必賴之則仁祖可謂知本矣今議者不察

徒見其末年吏多因循事不振舉乃欲矯之以苛察
齊之以智能招來新進勇銳之人以圖一切速成之
効未享其利澆風已成且天時不齊人誰無過國君
含垢至察無徒若 陛下多方包容則人材取次可
用必欲廣置耳目務求瑕疵則人不自安各圖苟免
恐非朝廷之福亦豈 陛下所願哉漢文欲拜虎圈
嗇夫釋之以為利口傷俗今若以口舌捷給而取士
以應對遲鈍而退人以虚誕無實為能文以矯激不
任為有德則先王之澤遂將散微自古用人必須歷
試諸難有卓異之器必有已試之功一則使其更變

而知難事不輕作一則待其功高望重人自無辭昔先主以黄忠爲後將軍而諸葛亮憂其不可以爲忠之名望素非關張之倫若班爵遽同則必不悦其後關羽果以爲言以黄忠豪勇之資以先主君臣之契尚湏慮此况其他乎世嘗謂漢文不用賈生以爲深恨臣嘗推究其旨竊謂不然賈生固天下之奇才所言亦一時之良策然請爲屬國欲以係單于則是處士之大言少年之鋭氣昔高祖以三十萬衆困於平城當時將相羣臣豈無賈生之比三表五餌人知其踈而欲以困中行説尤不可信矣兵凶器也而易言

之正如趙括之輕秦李信之易楚若文帝亟用其說
則天下殆將不安使賈生常歷艱難亦必自悔其說
用之晚歲其術必精不幸喪亡非意所及不然文帝
豈棄材之主絳灌豈蔽賢之士至於晁錯尤號刻薄
文帝之世止於太子家令而景帝既立以爲御史大
夫申屠賢相發憤而死紛更政令天下騷然及至七
國發難而錯之術亦窮矣文景優劣於斯可見大抵
名器爵祿人所奔趨必使積勞而後遷以明持久而
難得則人各安其分不敢躁求今若多開騷進之門
使有意外之得公卿侍從跬步可圖其得者既不肯

以僥倖為名則其不得者必皆以沉淪為歎使天下常調舉生妄心恥不若人何所不至欲望風俗之厚豈可得哉選人之改京官常須十年以上荐更險阻計析豪釐其間一事聱牙常至終身淪棄今乃以一人之薦舉而與之猶恐未稱章服隨至使積勞久次而得者何以厭服哉夫常調之人非守則令員多闕少久已患之不可復開多門以待巧者若巧者侵奪已甚則拙者迫隘無聊利害相形不得不察故近歲樸拙之人愈少巧進之士益多惟 陛下重之惜之哀之救之如近日三司獻言使天下郡選一人催驅

三司文字許之先次指射以酧其勞則數年之後審官吏部又有三百餘人得先占闕常調待次不其愈難此外勾當發運均輸按行農田水利已振監司之體各懷進用之心轉對者望以稱旨而驟遷奏課者求為優等而速化相勝以力相高以言而名實亂矣惟

陛下以簡易為法以清淨為心使姦無所緣而民德歸厚臣之所願厚風俗者此之謂也古者建國使內外相制輕重相權如周如唐則外重而內輕如秦如魏則外輕而內重內重之末必有姦臣指鹿之患外重之弊必有大國問鼎之憂聖人方盛而慮衰

常先立法以救弊我國家租賦籍於計省重兵聚於
京師以古揆今則似内重恭惟　祖宗所以深計而
預慮固非小臣所能臆度而周知然觀其委任臺諫
之一端則是聖人過防之至計歷觀秦漢以及五代
諫爭而死蓋數百人而自建隆以來未嘗罪一言者
縱有薄責旋即超升許以風聞而無官長風采所繫
不問尊卑言及乘輿則天子改容事關廊廟則宰相
待罪故　仁宗之世議者譏宰相但奉行臺諫風旨
而已聖人深意流俗豈知臺諫固未必皆賢所言亦
未必皆是然須養其鋭氣而借之重權者豈徒然哉

將以折姦臣之萌而救内重之弊也夫姦臣之始以臺諫折之而有餘及其既成以干戈取之而不足今法令嚴密　朝廷清明所謂姦臣萬無此理然而養猫以去鼠不可以無鼠而養不捕之猫畜狗以防姦不可以無姦而畜不吠之狗　陛下得不上念祖宗設此官之意下為子孫立萬一之防　朝廷紀綱孰大於此臣自幼小所記及聞長老之談皆謂臺諫所言常隨天下公議公議所與臺諫亦與之公議所擊臺諫亦擊之及至英廟之初始建稱親之議本非人主大過亦無禮典明文徒以衆心未安公議不允

當時臺諫以死爭之今者物論沸騰怨讟交至公議所在亦可知矣而相顧不發中外失望夫彈劾積威之後雖庸人亦可奮揚風采消委之餘雖豪傑有所不能振起臣恐自兹以往習慣成風盡為執政私人以致人主孤立紀綱一廢何事不生孔子曰鄙夫可與事君也歟其未得之也患不得之既得之患失之苟患失之無所不至矣臣始讀此書疑其太過以為鄙夫之患失不過備位而苟容及觀李斯憂蒙恬之奪其權則立二世以亡秦盧杞憂懷光之數其惡則誤德宗以再亂其心本生於患失而其禍乃至於喪邦

孔子之言良不為過是以知為國者平居必有亡軀犯顏之士則臨難庶幾有徇義守死之臣若平居尚不能一言則臨難何以責其死節人臣苟皆如此天下亦曰殆哉君子和而不同小人同而不和和如和羹同如濟水孫寶有言周公大聖召公大賢猶不相悅著於經典晉之王導可謂元臣每與客言舉坐稱善而王述不悅以為人非堯舜安得每事盡善導亦斂衽謝之若使言無不同意無不合更唱迭和何者非賢萬一有小人居其閒則人主何緣得知覺臣之所願存紀綱者此之謂也臣非敢歷詆新政苟為異論

如近日裁減皇族恩例刊定任子條式修完器械閲
習鼓旗皆　陛下神筭之至明乾剛之必斷物議既
允臣敢有詞至於所獻之三言則非臣之私見中外
所病其誰不知昔禹戒舜曰無若丹朱傲惟慢遊是
好舜豈有是哉周公戒成王曰毋若商王受之迷亂
酗於酒徳成王豈有是哉周昌以漢高為桀紂劉毅
以晉武為桓靈當時人君曾莫之罪書之史冊以為
美談使臣所獻三言皆　朝廷未嘗有此則天下之
幸臣與有焉若有萬一似之則　陛下安可不察然
而臣之為計可謂愚矣以螻蟻之命試雷霆之威積

其狂愚豈可數赦大則身首異處破壞家門小則削
籍投荒流離道路雖然　陛下必不為此何哉臣天
賦至愚篤於自信向者與議學校貢舉首違大臣本
意已期竄逐敢意自全而　陛下獨然其言曲賜召
對從容久之至謂臣曰方今政令得失安在雖朕過
失指陳可也臣即對曰　陛下生知之性天縱文武不
患不明不患不勤不患不斷但患求治太速進人太
銳聽言太廣又俾具述所以然之狀　陛下頷之曰
卿所獻三言朕當熟思之臣之狂愚非獨今日　陛
下容之久矣豈其容之於始而不赦之於終恃此而

言所以不懼臣之所懼者譏刺既衆怨仇實多必將
詆臣以深文中臣以危法使　陛下雖欲赦臣而不
得豈不殆哉死亡不辭但恐天下以臣爲戒無復言
者是以思之經月夜以繼晝表成復毁至於再三感
陛下聽其一言懷不能已卒進其說惟　陛下憐其
愚忠而卒赦之不勝俯伏待罪憂恐之至

再上皇帝書

熙寧四年三月　日殿中丞直史館判官告院權開
封府推官臣蘇軾謹昧萬死再拜上書　皇帝陛下
臣聞之益戒于禹曰任賢勿貳去邪勿疑仲虺言湯

之德曰用人惟己改過不吝秦穆喪師于崤悔痛自誓孔子録之自古聰明豪傑之主如漢高帝唐太宗皆以受諫如流改過不憚號爲秦漢以來百王之冠也孔子曰君子之過如日月食焉過也人皆見之更也人皆仰之聖賢舉動明白正直不當如是邪所用之人有邪有正所作之事有是有非是非邪正兩言而足正則用之邪則去之是則行之非則破之此理甚明猶飢之必食渴之必飲豈有別生義理曲加粉飾而能欺天下哉書曰與治同道罔不興與亂同事罔不亡　陛下自去歲以來所行新政皆不與治同

道立條例司遣青苗使斂助役錢行均輸法四海騷
動行路怨咨自宰相以下皆知其非而不敢爭臣愚
蠢不識忌諱廼者上疏論之詳矣而學術淺陋不足
以感動 聖明近者故相舊臣藩鎮侍從雜然爭言
不便以至臺諫二三人本其所與締交唱和表裏之
人也然猶不免一言其非者豈非物議沸騰事勢迫
切而不可止歟自非見利忘義居之不疑者孰肯終
始膠固不自湔洗如吳師孟乞免提舉胡宗愈不願
檢詳如逃垢穢惟恐不脫之人情畏惡一至於此近
者中外讙言 陛下已有悔悟意道路相慶如蒙大

賚實望　陛下於旬日之間渙發德音洗蕩乖僻追
還使者而罷條例司令者側聽所為蓋不過使監司
體量抑配而已比之未悟所較幾何此孟子所謂知
兄臂之不可紾而姑勸以徐知鄰雞之不可攘而月
取其一帝王改過豈如是哉臣又聞　陛下以為此
法且可試之三路臣以為此法譬之醫者之用毒藥以
人之死生試其未効之方三路之民豈非　陛下赤
子而可試以毒乎今日之政小用則小敗大用則大
敗若力行而不已則亂亡隨之臣非敢過為危論以
聳動　陛下也自古存亡之所寄者四人而已一曰

民二曰軍三曰吏四曰士此四人者一失其心足以
生變今　陛下一舉而兼犯之青苗助役之法成則
農不安均輸之令出則商賈不行而民始憂矣併省
諸軍迫逐老病至使戍兵之妻與士卒雜處其間貶
殺軍分有同降配遷徙淮甸僅若流放年近五十人
人懷憂而軍始怨矣内則不敢取謀於元臣侍從而
專用新進小生外則不責成於守令監司而專用青
苗使者多置閑局以擯老成而吏始解體矣　陛下
臨軒選士天下謂之龍飛牓而進士一人首削舊恩
示不復用所削者一人而已然士莫不悵恨者以

陛下有厭薄其徒之意也今用事者又欲漸消進士
純取明經雖未有成法而小人招權自以爲功更相
扇揺以謂必行而士始失望矣今進士半天下自二
十以上便不能誦記注義爲明經之學若法令一行
則士各懷廢棄之憂而人材短長終不在此昔秦禁
挾書而諸生皆抱其業以歸勝廣相與出力而亡秦
者豈有它哉亦以失業而亡所歸也故臣願　陛下
勿復言此民憂而軍怨吏解體而士失望禍亂之源
有大於此者乎今未見也一旦有急則致命之士必
寡矣方是之時不知希合苟容之徒能爲　陛下收

板蕩止土崩乎去歳諸軍之始併也左右之人皆以
士心樂併告陛下近者放停軍人李興告虎翼吏率
錢行賂以求不併則士卒不樂可知矣夫諂諛之人
苟務合意不憚欺罔者類皆如此故凡言百姓樂請
青苗錢樂出助役錢者皆不可信　陛下以為青苗
抑配果可禁乎不惟不可禁廼不當禁也何以言之
若此錢放而不收則州縣官吏不免責罰若此錢果
不抑配則願請之户後必難收索前有抑配之禁後
有失陷之罰為　陛下官吏不亦難乎故臣以為既
行青苗使則不當禁抑配其勢然也人皆謂　陛下

聖明神武必能從義修慝以致太平而近日之事乃
有文過遂非之風此臣所以憤懣太息而不能已也
昔賈充用事天下憂恐而庾純任愷戮力排之及充
出鎮秦涼忠臣義士莫不相慶屈指數日以望維新
之化而馮紞之徒更相告語曰賈公遠放吾等失勢
矣於是相與獻謀而充復留則吾氏之亂成於此矣
自古惟小人為難去何則去一人而其黨破壞是以
為之計謀遊說者衆也今天下賢者亦將以此觀
陛下為進退之決或再失望則知幾之士相率而逝
矣豈皆如臣等輩偷安懷祿而不忍去哉猖狂不遜

忤　陛下多矣不敢復望寬恩俯伏引領以待誅殛

臣軾誠惶誠恐頓首頓首謹言

東坡奏議卷第一

東坡奏議卷第二

論河北京東盜賊狀

上皇帝書

乞醫療病囚狀

登州召還議水軍狀

乞罷登萊榷鹽狀

論給田募役狀

論河北京東盜賊狀

熙寧七年十一月　日太常博士直史館權知密州軍州事蘇軾狀奏臣伏見河北京東比年以來蝗旱

相仍盜賊漸熾今又不雨自秋至冬方數千里麥不入土竊料明年春夏之際寇攘為患甚於今日是以輙陳狂瞽庶補萬一謹按山東自上世以來為腹心根本之地其與中原離合常係社稷安危昔秦幷天下首收三晉則其餘強敵相繼滅亡漢高祖殺陳餘走田横則項氏不支光武亦自漁陽上谷發突騎席卷以幷天下魏武帝破殺袁氏父子收冀州然後四方莫敢敵宋武帝以英雄絕人之資用武歷年而不能幷中原者以不得河北也隋文帝以庸夫穿窬之智竊位數年而一海内者以得河北也故杜牧之論

以為山東之地王者得之以為王霸者得之以為霸猾賊得之以為亂天下自唐天寶以後姦臣諸峙於山東更十一世竭天下之力終不能取以至於亡近世賀德倫挈魏博降後唐而梁亡周高祖自鄴都入京師而漢亡由此觀之天下存亡之權在河北無疑也

陛下即位以來北方之民流移相屬天災譴告亦甚於四方五六年間未有以塞大異者至於京東雖號無事亦當常使其民安逸富強緩急足以灌輸河北缾竭則罍耻脣亡則齒寒而近年以來公私匱乏民不堪命今流離饑饉議者不過欲散賣常平之

粟勸誘蓄積之家盜賊縱横議者不過欲增開告賞之門申嚴緝捕之法皆未見其益也常平之粟累經振發所存無幾矣而飢寒之民所在皆是人得升合官費丘山蓄積之家例皆困乏貧者未蒙其利富者先被其災昔季康子患盜問於孔子對曰苟子之不欲雖賞之不竊乃知上不盡利則民有以為生苟有以為生亦何苦而為盜其間兇殘之黨樂禍不悛則須敕法以峻刑誅一以警百今中民以下舉皆闕食冒法而為盜則死畏法而不盜則飢飢寒之與棄市均是死亡而賒死之與忍飢禍有遲速相率為盜正

理之常雖日殺百人勢必不止苟非　陛下至明至聖至仁至慈較得喪之孰多權禍福之孰重特於財利少有所捐衣食之門一開骨髓之恩皆徧然後信賞必罰以威克恩不以僥倖廢刑不以災傷撓法如此而人心不革盜賊不衰者未之有也謹條其事畫一如左

一臣所領密州自今歲秋旱種麥不得直至十月十三日方得數寸雨雪而地冷難種雖種不生比常年十分中只種得二三竊聞河北京東例皆如此尋常檢放災傷依法須是檢行根苗以

定所放分數今來二麥元不曾種即根苗可撿
官吏守法無緣直放若夏稅一例不放則人戶
必至逃移尋常逃移猶有逐熟去處今數千里
無麥去將安往但恐良民舉為盜矣且天上無
雨地下無麥有眼者共見有耳者共聞決非欺
罔 朝廷豈可坐觀不放欲乞河北京東逐路
選差臣僚一員體量放稅更不檢視若未欲如
此施行即乞將夏稅斛㪷取今日以前五年酌
中一年實直令三等已上人戶取便納見錢或
正色其四等以下且行倚閣緣今來麥田空閑

若春雨調匀却可以廣種秋稼候至秋熟並將
秋色折納夏稅若是已種苗麥委有災傷仍與
依條檢放其闕麥去處官吏諸軍請受且支白
米或支見錢所貴小民不致大段失所

一河北京東自來官不榷鹽小民仰以為生近日
臣僚上章輒欲禁榷賴 朝廷體察不行其言
兩路吏民無不相慶然臣勘會近年鹽稅日增
元本兩路祖額三十三萬二千餘貫至熙寧六
年增至四十九萬九千餘貫七年亦至四十三
萬五千餘貫顯見刑法日峻告捕日繁是致小

民愈難興販　朝廷本為此兩路根本之地而
煑海之利天以養活小民是以不忍盡取其利
濟惠鰥寡陰銷盜賊舊時孤貧無業惟務販鹽
所以五六年前盜賊稀少是時告捕之賞未甞
破省錢惟是犯人催納役人量出令鹽課浩大
告訐如麻貧民販鹽不過一兩貫錢本偷稅則
賞重納稅則利輕欲為農夫又值凶歲若不為
盜惟有忍飢所以五六年來課利日增盜賊日
衆臣勘會密州鹽稅去年一年比祖額增二萬
貫却支捉賊賞錢一萬一千餘貫其餘未獲賊

人尚多以此較之利害得失斷可見矣欲乞特敕兩路應販鹽小客截自三百斤以下並與權免收稅仍官給印本空頭關子與竈户及長引大客令上曆破使逐旋書塡月日姓名斤兩與小客限十日更不行用如敢借名為人影帶分減鹽貨許諸人陳告重立賞罰候將來秋熟日仍舊并元降勑牓明言出自 聖意令所在雕印散牓鄉村人非木石寧不感動一飲一食皆誦 聖恩以至舊來貧賤之民近日飢寒之黨不待驅率一歸於鹽奔走爭先何暇為盜人情

不遠必不肯捨安穩衣食之門而趨冒法危亡
之地也議者必謂令用度不足若行此法則鹽
稅大虧必致闕事臣以為不然凡小客本少力
微不過行得三兩程若三兩程外須藉大商與
販決非三百斤以下小客所能行運無緣大段
走失且平時大商所苦以鹽遲而無人買小民
之病以僻遠而難得鹽今小商不出稅錢則所
在爭來分買大商既不積滯則輪流販賣收稅
必多而鄉村僻遠無不食鹽所賣亦廣損益相
補必無大虧之理縱使虧失不過却只得祖額

元錢當時官司有何闕用苟　朝廷捐十萬貫
錢買此兩路之人不為盜賊所獲多矣今使
朝廷為此兩路飢饉特出一二十萬貫見錢散
與人戶人得一貫只及二十萬人而一貫見錢
亦未能濟其性命若特放三百斤以下塩稅半
年則兩路之民人人受賜貧民有衣食之路富
民無盜賊之憂其利豈可勝言哉若使小民無
以為生舉為盜賊則　朝廷之憂恐非十萬貫
錢所能了辦又況所支捉賊賞錢未必少於所
失鹽課臣所謂較得喪之孰多權禍福之孰重

者為此也

一勘會諸處盜賊太半是按問減等災傷免死之人走還舊處挾恨報讎為害最甚盜賊自知不死既輕犯法而人戶亦憂其復來不敢告捕是致盜賊公行切詳按問自言皆是詞窮理屈勢必不免本無改過自新之意有何可改獨使從輕同黨之中獨不免死其災傷刼雖不下與行不同而盜賊小民無不知者但不傷變主免死無疑且不傷變主情理未必輕於偶傷變主之人或多聚徒衆或廣置兵仗或標異服飾或質

劫變主或驅虜平人或賂遺貧民令作耳目或
書寫道店恐動官私如此之類雖偶不傷人情
理至重非止闕食之人苟營餱糧而已欲乞令
後盜賊贓證未明但已經考掠方始承認者並
不為按問減等其災傷地方委自長吏相度情
理輕重內情理重者依法施行所貴凶民稍有
畏忌而良民敢於捕告臣所謂衣食之門一開
骨髓之恩皆徧然後信賞必罰以威克恩不以
僥倖廢刑不以災傷撓法者為此也

右謹具如前自古立法制刑皆以盜賊為急盜竊不

已必為強劫強劫不已必至戰攻或為豪傑之資而致勝廣之漸而況京東之貧富係河北之休戚河北之治亂係天下之安危識者共知非臣私說願陛下深察此事至重所損小利至輕斷自聖心決行此策臣聞天聖中蔡齊知密州是時東方饑饉齊乞放行鹽禁先帝從之一方之人不覺飢旱臣愚且賤雖不敢望於蔡齊而陛下聖明度越堯禹豈不能行此小事有愧先朝所以越職獻言不敢自外伏望聖慈察其區區之意赦其狂僭之誅臣無任悚懷待罪之至謹録奏聞伏候勑旨

上皇帝書

元豐元年十月　日尚書祠部員外郎直史館權知徐州軍州事臣蘇軾謹昧萬死再拜上書　皇帝陛下臣以庸材備員冊府出守兩郡皆東方要地私竊以為守法令治文書赴期會不足以報塞萬一輙伏思念東方之要務　陛下之所宜知者得其一二草具以聞而　陛下擇焉臣前任密州建言自古河北與中原離合常係社稷存亡而京東之地所以灌輸河北缾竭則罍耻脣亡則齒寒而其民喜為盜賊為患最甚因為　陛下畫所以待盜賊之策及移守徐

州覽觀山川之形勢察其風俗之所上而考之於載籍然後又知徐州為南北之襟要而京東諸郡安危所寄也昔項羽入關既燒咸陽而東歸則都彭城夫以羽之雄略捨咸陽而取彭城則彭城之險固形便足以得志於諸侯者可知矣臣觀其地三面被山獨其西平川數百里西走梁宋使楚人開關而延敵材官騶發突騎雲縱真若屋上建瓴水也地宜宿麥一熟而飽數歲其城三面阻水樓堞之下以汴泗為池獨其南可通車馬而戲馬臺在焉其高十仞廣袤百步若用武之世屯千人其上聚檑木砲石凡戰守之

具以與城相表裏而積三年糧於城中雖用十萬人不易取也其民皆長大膽力絶人喜爲剽掠小不適意則有飛揚跋扈之心非止爲盜而已漢高祖沛人也項羽宿遷人也劉裕彭城人也朱全忠碭山人也皆在今徐州數百里間耳其人以此自負凶桀之氣積以成俗魏太武以三十萬人攻彭城不能下而王智興以卒伍庸材恣睢於徐 朝廷亦不能討豈非以其地形便利人卒勇悍故耶州之東北七十餘里即利國監自古爲鐵官商賈所聚其民富樂凡三十六治治戶皆大家藏鏹巨萬常爲盜賊所窺而兵衛

寡弱有同兒戲臣中夜以思即為寒心使劇賊致死
者十餘人白晝入市則守者皆棄而走耳地既產精
鐵而民皆善鍛散冶戶之財以嘯召無賴則烏合之
衆數千人之仗可以一夕具也順流南下辰發巳至
而徐有不守之憂矣不幸而賊有過人之才如呂布
劉備之徒得徐而逞其志則京東之安危未可知也
近者河北轉運司奏乞禁止利國監鐵不許入河北
朝廷從之昔楚人亡弓不能忘楚孔子猶小之況天
下一家東北二冶皆為國興利而奪彼與此不已隘
乎自鐵不北行冶戶皆有失業之憂詣臣而訴者數

矣臣欲因此以征冶戶為利國監之捍屛今三十六冶冶各百餘人採鑛伐炭多飢寒亡命強力鷙忍之民也臣欲使冶戶每冶各擇有材力而忠謹者保任十人籍其名於官授以郃刃刀槊教之擊刺每月兩衛集於知監之庭而閱試之藏其刃於官以待大盜不得役使犯者以違制論冶戶為盜所擬久矣民皆知之使冶出十人以自衛民所樂也而官又為除近日之禁使鐵得北行則冶戶皆悅而聽命姦猾破膽而不敢謀矣徐城雖嶮固而樓櫓敝惡又城大而兵少緩急不可守今戰兵千人耳臣欲乞移南京新招

騎射兩指揮於徐此故徐人也嘗屯於徐營壘材石
既具矣而遷於南京異時轉運使分東西路畏餽餉
之勞而移之西耳今兩路為一其去來無所損益而
足以為徐之重城下數里頗產精石無窮而奉化廂
軍見闕數百人臣願募石工以足之聽不差出使此
數百人者常採石以甃城數年之後舉為金湯之固
要使利國監不可窺則徐無事徐無事則京東無虞
矣沂州山谷重阻為逋逃淵藪盜賊每入徐州界中
陛下若採臣言不以臣為不肖願復三年守徐且得
兼領沂州兵甲巡檢公事必有以自效京東惡盜多

出逃軍逃軍為盜民則望風畏之何也技精而法重也技精則難敵法重則致死其勢然也自　陛下置將官修軍政士皆精銳而不免於逃者臣嘗考其所由蓋自近歲以來部送罪人配軍者皆不使役人而使禁軍軍士當部送者受牒即行往返常不下十日道路之費非取息錢不能辦百姓畏法不敢貸貸亦不可復得惟所部將校乃敢出息錢與之歸而刻其糧賜以上下相持軍政不脩博奕飲酒無所不至窮苦無聊則逃去為盜臣自至徐即取不係省錢百餘千別儲之當部送者量遠近裁取以三月刻納不取

其息將吏有敢貸息錢者痛以法治之然後嚴軍政禁酒博比朞年士皆飽煖練熟技藝等第為諸郡之冠　陛下遣勑使按閱所具見也臣願下其法諸郡推此行之則軍政脩而逃者衰亦去盜之一端也臣聞之漢相王嘉曰孝文帝時二千石長吏安官樂職上下相望莫有苟且之意其後稍稍變易公卿以下轉相促急司隸部刺史發揚陰私吏或居官數月而退二千石益輕賤吏民慢易之知其易危小失意則有離叛之心前山陽亡徒蘇令從橫吏士臨難莫肯伏節死義者以守相威權素奪故也國家有急取辦

於二千石尊重難危乃能使下以王嘉之言而考之
於今郡守之威權可謂素奪矣上有監司伺其過失
下有吏民持其長短未及按問而差替之命已下矣
欲督捕盜賊法外求一錢以使人且不可得盜賊凶
人情重而法輕者守臣輙配流之則使所在法司覆
按其狀劾以失入惴惴如此何以得吏士死力而破
姦人之黨乎由此觀之盜賊所以滋熾者以 陛下
守臣權太輕故也臣願 陛下稍重其權責以大綱
闊略其小過凡京東多盜之郡自青鄆以降如徐沂
齊曹之類皆慎擇守臣聽法外處置強盜頗賜緡錢

使得以布設耳目畜養爪牙然緡錢多賜則難常少
又不足於用臣以為每郡可歲別給一二百千使以
釀酒凡使人葺捕盜賊得以酒予之敢以為他用者
坐贓論賞格之外歲得酒數百亦足以使人矣此又
治盜之一術也然此皆其小者其大者非臣之所當
言欲默而不發則又私自念遭值　陛下英聖特達
如此若有所不盡非忠臣之義故昧死復言之昔者
以詩賦取士今　陛下以經術用人名雖不同然皆
以文詞進耳考其所得多吳楚閩蜀之人至於京東
西河北河東陝西五路蓋自古豪傑之場其人沈鷙

中禁以後方領皆選列校以掌乎兵是時四方豪傑
於樸茂其餘名臣循吏由此而進者不可勝數自唐
爾起於卒史辟宣簡於書佐朱邑選於嗇夫兩吉出
石入為公卿古者不專以文詞取人故得士為多黃
郡縣秀民推擇為吏考行察廉以次遷補或至二千
故臣願陛下特為五路之士別開仕進之門漢法
子若德不足而才有餘者困於無門則無所不至矣
得人常少夫惟忠孝禮義之士雖不得志不失為君
蜀之人爭得失於毫釐之間則彼有不仕而已故其
勇悍可任以事然欲使治聲律讀經義以與吳楚閩

不能以科舉自達者皆爭為之往往積功以取旄鉞
雖老姦巨盜或出其中而名卿賢將如高仙芝封常
清李光弼來瑱李抱玉叚秀實之流所得亦已多矣
王者之用人如江河江河所趨百川赴焉蛟龍生之
及其去而之他則魚鼈無所還其體而鯢鰍為之制
今世胥史牙校皆奴僕庸人者無他以　陛下不用
也今欲用胥史牙校而胥史行文書治刑獄錢穀其
勢不可廢鞭撻鞭撻一行則豪傑不出於其間故凡
士之刑者不可用用者不可刑故臣願　陛下採唐
之舊使五路監司郡守共選土人以補牙職皆取人

材心力有足過人而不能從事於科舉者祿之以今
之庸錢而課之鎮稅場務督捕盜賊之類自公罪杖
以下聽贖依將校法使長吏得薦其才者第其功閥
書其歲月使得出仕比任子而不以流外限其所至
朝廷察其尤異者擢用數人則豪傑英偉之士漸出
於此塗而姦滑之黨可得而籠取也其條目委曲臣
未敢盡言惟　陛下留神省察昔晉武平吳之後詔
天下罷軍役州郡悉去武備惟山濤論其不可帝見
之曰天下名言也而不能用及永寧之後盜賊蠭起
郡國皆以無備不能制其言乃驗今臣於無事之時

屢以盜賊爲言其私憂過計亦已甚矣　陛下縱能容之必爲議者所笑使天下無事而臣獲笑可也不然事至而圖之則已晚矣千犯天威罪在不赦臣軾誠惶誠恐頓首頓首謹言

乞醫療病囚狀

元豐三年正月　日尚書祠部員外郎直史館權知徐州軍州事蘇軾狀奏右臣聞漢宣帝地節四年詔曰令甲死者不可生刑者不可息此先帝之所重而吏未稱今繫者或以掠辜若飢寒瘐死獄中何用心逆人道也朕甚痛之其令郡國歲上繫囚以掠笞若

瘦死者所坐名縣爵里丞相御史課殿最以聞此漢之盛時宣帝之善政也　朝廷重惜人命哀矜庶獄可謂至矣因以掠笞死者法甚重惟病死者無法官吏上下莫有任其責者苟以時言上檢視無他故雖累百人不坐其飲食失時藥不當病而死者何可勝數若本罪應死猶不足深哀其以輕罪繫而死者與殺之何異積其寃痛足以感傷陰陽之和是以治平四年十二月二十四日手詔曰獄者民命之所繫也比聞有司歲考天下之奏而瘐死者甚多竊懼乎獄吏與犯法者旁緣為姦檢視或有不明使吾元元橫

羅其害良可憫焉書不云乎與其殺不辜寧失不經其具為今後諸處軍巡州司理院所禁罪人一歲内在獄病死及兩人者推司獄子並從杖六十科罪每增一名加罪一等至杖一百止如係五縣以上州每院歲死及三人開封府府司軍巡院歲死及七人即依上項死兩人法科罪加等亦如之典獄之官推獄經兩犯即坐本官仍從違制失入其縣獄亦依上條若三萬戶以上即依五縣以上州軍條其有養療不依條貫者自依本法仍仰開封府及諸路提點刑獄每至歲終會聚死者之數以聞委中書門下點檢或

死者過多官吏雖已行罰當議更加黜責行之未及數年而中外臣僚爭言其不便至熙寧四年十月二日中書劄子詳定編勑所狀令衆官參詳獄因不因病死及不給醫藥飲食以至非理慘虐或謀害致死自有逐一條貫及至捕傷格鬬實緣病死則非獄官之罪況有不幸遭遇瘴疫死者或衆而使獄官濫被黜罰未為允當今請只行舊條外其上件獄囚病死條貫更不行用奉　聖旨依所申臣竊惟治平四年十二月二十四日手詔乃　陛下好生之德遠同漢宣方當推之無窮而郡縣俗吏不能深曉聖意因其

小不通輙為駁議有司不能修其缺通其礙乃舉而
廢之豈不過甚矣哉臣愚以謂獄囚病死使獄官坐
之誠為未安何者獄囚死生非人所能必責吏以其
所不能必吏且懼罪多方以求免因中有疾則責保
門留不復療治茍無親屬與雖有而在遠者其捐瘠
致死者必甚在獄臣謹按周禮醫師歲終則稽其醫
事以制其食十全為上十失一次之十失二次之十失
三次之十失四為下臣愚欲乞軍巡院及天下州司
理院各選差衙前一名醫人一名每縣各選差曹司
一名醫人一名專掌醫療病囚不得更充他役以一

周年為界量本州縣囚繫多少立定傭錢以免役寬剩錢或坊場錢充仍於三分中先給其一俟界滿比較除罪人拒捕及鬭致死者不計數外每十人失一以上為上等失二為中等失三為下等失四以上為下下上等全支中等支二分下等不支下下科罪自杖六十至杖一百止仍不分首從其上中等醫人界滿願再管司者聽人給曆子以書等第若醫博士助教有闕則比較累歲等第最優者補充如此則人人用心若療治其家人緣此得活者必衆且人命至重朝廷所甚惜而寬剩役錢與坊場錢所在山積其費

甚微而可以全活無辜之人至不可勝數感人心合天意無善於此者矣獨有一弊若死者稍衆則所差衙前曹司醫人與獄子同情使囚詐稱疾病以張人數臣以謂此法責罰不及獄官縣令則獄官縣令無緣肯與此等同情欺罔欲乞每有病囚令獄官縣令且保明以申州委監醫官及本轄干繫官吏覺察如詐稱病獄官縣令皆科杖六十分故失為公私罪伏望朝廷詳酌早賜施行謹録奏聞伏候勑旨

登州召還議水軍狀

元豐八年十二月　日朝奉郎前知登州軍州事蘇

軾狀奏右臣竊見登州地近北虜號為極邊虜中山
川隱約可見便風一帆奄至城下自 國朝以來常
屯重兵教習水戰旦暮傳烽以通警急每歲四月遣
兵戍駞基島至八月方還以備不虞自景德以後屯
兵常不下四五千人除本州諸軍外更於京師南京
濟鄆兖單等州差撥兵馬屯駐至慶曆二年知州郭
志高為諸處差來兵馬頭項不一軍政不肅擘畫奏
乞創置澄海水軍弩手兩指揮并舊有平海兩指揮
並用教習水軍以備北虜為京東一路捍屏虜知有
備故未甞有警議者見其久安便謂無事近歲始差

平海六十人分屯密州信陽板橋濤洛三處去年本
路安撫司人更差澄海一百人往萊州一百人往密
州屯駐檢會景德三年五月十二日聖旨指揮今後
宣命抽差本城兵士往諸處只於威邊等指揮內差
撥即不得抽差平海兵士其平海兵士雖無不許差
出指揮蓋緣元初創置本為抵替諸州差來兵馬豈
有卻許差往諸處之理顯是不合差撥不惟兵勢分
弱以啓戎心而此四指揮更番差出無處學習水戰
武藝惰廢有誤緩急伏乞　朝廷詳酌明降指揮今
後登州平海澄海四指揮兵士並不得差往別州屯

駐謹録奏　聞伏候　勑旨

乞罷登萊榷鹽狀

元豐八年十二月　　日朝奉郎前知登州軍州事蘇軾狀奏右臣竊聞議者謂近歲京東榷鹽既獲厚利而無甚害以謂可行以臣觀之蓋比之河北淮浙用鹽稀少因以為便不知舊日京東販鹽小客無以為生太半去為盜賊然非臣職事所當言者故不敢以聞獨臣所領登州計入海中三百里地瘠民貧商賈不至所在鹽貨只是居民喫用今來既榷入官官買價賤比之竈戸賣與百姓三不及一竈戸失業漸以

逃亡其害一也居民咫尺大海而令頓食貴鹽深山
窮谷遂至食淡其害二也商賈不來鹽積不散有入
無出所在官舍皆滿至於露積若行配賣即與福建
江西之患無異若不配賣即一二年間舉爲糞土坐
弃官本官吏被責專副破家其害三也官無一毫之
利而民受三害決可廢罷竊聞萊州亦是元無客旅
興販事體與此同欲乞
朝廷相度不用行臣所言
只乞出自
聖意先罷登萊兩州榷鹽依舊令竈戶
賣與百姓官收監稅其餘州軍更委有司詳講利害
施行謹録奏
聞伏候
勑旨

論給田募役狀

元豐八年十二月　日朝奉郎禮部郎中蘇軾狀奏

臣竊見先帝初行役法取寬剩錢不得過二分以備災傷而有司奉行過當通計天下乃十四五然行之幾十六七年常積而不用至三千餘萬貫石　先帝聖意固自有在而愚民無知因謂　朝廷以免役為名實欲重歛斯言流聞不可以示天下後世臣謂此錢本出民力理當還為民用不幸　先帝升遐聖意所欲行者民不知也徒見其積未見其散此乃今日太皇太后陛下　皇帝陛下所當追探其意還於役

法中散之以塞愚民無知之詞以興長世無窮之利

臣伏見熙寧中嘗行給田募役法其法亦係官田（如退攤戶絕沒納之類）及用寬剩錢買民田以募役人大略如邊郡弓箭手臣知密州親行其法先募弓手民甚便之曾未半年此法復罷臣聞之道路本出 先帝聖意而左右大臣意在速成且利寬剩錢以為它用故更相駁難遂不果行臣謂此法行之蓋有正利 朝廷若依舊行免役法則每募一名省得一名雇錢因積所省益買益募要之數年雇錢無幾則役錢可以大減若行差役法則每募一名省得一名色役色役既

減農民自寬其利一也應募之民正與弓箭手無異
舉家衣食出於官田平時重犯法緩急不逃亡其利
二也今者穀賤傷農農民賣田常苦不售若官與買
則田穀皆重農可小紓其利三也錢積於官常苦幣
重若散以買田則貨幣稍均其利四也此法既行民
享其利追悟　先帝所以取寬剩錢者凡以為我用
耳疑謗消釋恩德顯白其利五也獨有二弊貪吏狡
胥與民為姦以瘠薄田中官雇一浮浪人躉出應役
一年半歲即棄而走此一弊也愚民寡慮見利忘患
聞官中買田募役即爭以田中官以身充役業不離

主既初無所失而驟得官錢必爭爲之充役之後永無休歇患及子孫此二弊也但當設法以防二弊而先帝之法決不可廢今日既欲盡罷寬剩錢將來無繼而繫官田地數目不多見在寬剩錢雖有三千萬貫石而兵興以來借支幾半臣今擘畫欲於内帑錢帛中支還兵興以來所借錢斛復完三千萬貫石上於河北河東陝西被邊三路行給田募役法使五七年間役減大半農民完富以備緩急此無窮之利也今弓箭手有甲馬者給田二頃半以軀命償官且猶可募則其餘色役召募不難臣謂良田二頃可募一

弓手一頃可募一散從官則三千萬貫石可以足用

謹具合行事件畫一如左

一給田募役更不出租依舊納兩稅免支移折變

一今來雖有一頃二頃為率若所在田不甚良即

臨時相度添展畝數務令召募得行但役人所

獲稍優則其法堅久不壞

一今若立法便令三路官吏推行若無賞罰則官

吏不任其責繆悠滅裂有名無實若有賞罰則

官吏有所趨避或抑勒買田或召募浮浪或多

買瘠薄或取辦一時不顧後患臣今擘畫欲選

才幹朴厚知州三人令自辟屬縣令每路一州
先次推行令一年中略成倫理一州既成倫理
一路便可推行仍委轉運提刑常切提舉若不
切推行或推行乖方　朝廷覺察重賜行遣
一應募役人大抵多是州縣百姓所買官田去州
縣大遠即久遠難募召募欲乞所買田並限去
州若干里去縣若干里
一出牓告示百姓賣田如係所限去州縣里數内
仍及所定頃畝或兩戶及三戶相近共及所定頃畝數目亦可即須先
申官令佐親自相驗委是良田方得收買如官

價低小即聽賣與其餘人戶不得抑勒如買瘠

薄田致久遠召募不行即官吏並科違制分故

失定斷仍不以去官赦降原減

一預先具給田頃畝數出牓召人投名應役第二

等已上人戶許充弓手仍依舊條揀選人材第

三等以上許充散從官以下色役更不用保如

等第不及即召第一等一戶或第二等兩戶委

保如充役七年內逃亡即勒元委保人承佃充

役

一每買到田未得交錢先召投名人承佃充役方

得支錢仍不得抑勒
一賣田入官須得交業與應募人不許本戶內人
丁承佃充役
一募役人老病走死或犯徒以上罪即須先勒本
戶人丁充役如無丁方別召募
一應募人交業承佃後給假半年令葺理田業
一退攤戶絕沒納等係官田地今後不許出賣更
不限去州縣里數仍以肥瘠高下品定頃畝務
令召募得行
一係官田若是人戶見佃者先問見佃人如無丁

可以應募或自不願充役者方得別行召募
右所陳五利二弊及合行事件一十二條伏乞　朝
廷詳議施行然議者必有二説一謂召募不行二謂
欲留寛剩錢斛以備它用臣請有以應之富民之家
以三十二畝田中分其利役屬佃戶有同僕隸今官
以兩頃一頃良田有稅無租而人不應募豈有此理
又弓箭手已有成法無可疑者寛剩役錢本非經賦
常入亦非國用所待而後足者今付有司逐旋支費
終不能卓然立一大事建無窮之利如火鑠薪日減
日亡若用買田募役譬如私家變金銀為田產乃是

長久萬全之策深願　朝廷及此錢未散立此一事
數年之後錢盡而事不立深可痛惜臣聞孝子者善
繼人之志善述人之事武王周公所以見稱於萬世
者徒以能行文王之志也昔蘇綽為魏立征稅之法
號為煩重已而歎曰此猶張弓也後之君子誰能解
之其子威侍側聞之慨然以為己任及威事隋文帝
為民部尚書奏減賦役如綽之言天下便之威為人
臣尚能成父之志今給田募役真　先帝本意　陛
下當優為武王周公之事而況蘇威區區人臣之孝
何足道哉臣荷　先帝之遇保全之恩又蒙　陛下

非次拔擢思慕感涕不知所報冒昧進討伏惟哀憐

裁幸謹録奏　聞伏候　勑旨

東坡奏議卷第二